JENNY,

OPÉRA-COMIQUE, EN TROIS ACTES;

PAROLES DE M. DE SAINT-GEORGES,

MUSIQUE DE M. CARAFA;

REPRÉSENTÉ POUR LA PREMIÈRE FOIS, SUR LE THÉATRE ROYAL
DE L'OPÉRA-COMIQUE, PAR LES COMÉDIENS ORDINAIRES
DU ROI, LE 24 SEPTEMBRE 1829.

PRIX : 3 FRANCS.

PARIS,

CHEZ VENTE, LIBRAIRE;
RUE DU MARCHÉ-SAINT-HONORÉ, N° 5.

1830.

Personnages.	Acteurs.
Lord HAMILTON............................	M. Henri.
ANNA, sa Nièce............................	Mlle Prevot.
FRÉDÉRIC, Fils d'un ami d'Hamilton..	M. Ponchard.
Lord MULGRAVE, riche Seigneur du canton............................	M. Chollet.
GEORGES, Fermier et Jardinier d'Hamilton............................	M. Féréol.
BETTY, Femme en secondes noces de Georges............................	Mme Boulanger.
JENNY, Fille de Georges (elle est muette).	Mme Pradher.
Lord EDGARD,	M. Belnie.
Lord WILLIAMS,	M. Boullard.
Lord ERFORD, Amis de Mulgrave..	M. Génot.
Lord SIDNEY,	M. Louvet.
Lord SEYMOUR,	M. Saint-Ange.
PETERS, Domestique de Mulgrave.....	M. Fargueil.
Une Femme de Chambre................	Mlle Mariette.

La Scène se passe en Angleterre, au château d'Hamilton, dans le comté d'York; il y a 30 ou 40 ans.

IMPRIMERIE DE DAVID,
BOULEVART POISSONNIÈRE, N° 6.

JENNY,

OPÉRA-COMIQUE EN TROIS ACTES,

ACTE PREMIER.

Le Théâtre représente la chambre principale d'une ferme anglaise. A gauche, au coin, une vaste et antique cheminée. Une grande horloge, porte au fond, portes latérales.

SCÈNE PREMIÈRE.

(Au lever du rideau, des paysans occupés à filer, tisser, travailler, sont groupés d'une manière pittoresque, et présentent le tableau d'une veillée villageoise ; une lampe suspendue au plafond éclaire seule la scène. Georges et quelques paysans finissent de boire autour d'une table dans un coin, tandis que Betty, entourée des principales villageoises, les encourage au travail. Demi-nuit.)

CHŒUR.

Oui, chaque soir à la veillée
Gaîment ici nous remplaçons
Nos joyeux bals sous la feuillée
Par nos récits et nos chansons.

GEORGES.

Femme, par une nuit si noire,
Je n'ous pas l'cœur à la gaîté :
Fais-nous donner encore à boire.

BETTY.

C'est bien assez en vérité.

GEORGES.
En ce cas là, l'heure s'avance,
J'allons dormir....
BETTY.
Tu plaisantes, je pense.
Quand après trois grands mois d'absence,
C'te nuit not'mait' va revenir,
Ses fermiers doivent-ils dormir?
GEORGES.
Je n'dis pas non : mais, la nuit, moi je tremble.
BETTY.
Eh bien! chantons; que vous en semble?
LES PAYSANS.
A pleine voix nous reprendrons en chœur.
BETTY.
A pleine voix, non, non; dans sa chambrette,
Éveillée en sursaut, notre pauvre muette,
(*A Georges.*) Jenny, ta fille, en mourrait de frayeur.
Vous reprendrez tout bas en chœur.
LES PAYSANS.
Nous reprendrons tout bas en chœur.

Ier

BETTY.
On dit qu'en Angleterre
Et dans notre canton,
Jadis chaque chaumière
Recelait un démon.
Pour châtier un traître
Et punir un méfait,
Quand la cloche sonnait
On le voyait paraître;
Et l'heure de l'affreux lutin
Étaient deux heures du matin.

CHŒUR.
Et l'heure de l'affreux lutin,
Etaient deux heures du matin!

IIe.

Si parfois la bouteille
A quelque époux semblait

Être à tout sans pareille,
Sa femme conjurait
Le lutin d'apparaître.
Lui bientôt accourait ;
Et la nuit corrigeait
L'époux ivrogne et traître.
Car l'heure de l'affreux lutin
Étaient deux heures du matin.

CHOEUR.

Quoi l'heure de l'affreux lutin
Etaient deux heures du matin !

IIIe.

Mais pour la perfidie
Le lutin, sans pitié,
A de plus d'une vie
Retranché la moitié;
Il pourrait bien renaître,
Amis, s'il arrivait
Que quelque grand méfait
L'obligeât à paraître.
Car l'heure de l'affreux lutin
Étaient deux heures du matin.

CHOEUR.

Quoi l'heure de l'affreux lutin
Etaient deux heures du matin.

(*On entend sonner deux heures à l'horloge du château.*)

GEORGES, *avec effroi.*

Deux heures, ô ciel !... Le lutin va paraître.

LES PAYSANS.

Le lutin !.... fuyons tous !

GEORGES.

Fermez bien la fenêtre.
La porte s'ouvre.... Ah ! le voici.

TOUS.

Fuyons ! fuyons d'ici !

SCÈNE II.

GEORGES, *à genoux;* LES PAYSANS, *tremblant dans tous les coins de la chambre;* JENNY, *accourant avec les signes du plus grand effroi;* BETTY, *allant à la jeune fille, et la serrant dans ses bras.*

BETTY.

C'est Jenny.

TOUS.

Jenny!

BETTY.

Leur tapage l'a réveillée.

(*Jenny fait signe que oui.*)

Elle est encore pâle d'effroi.

GEORGES.

Elle n'est pas plus pâle que moi.

BETTY.

(*Regardant Jenny.*)

Poltron.... Que vois-je? elle est toute habillée.

(*Jenny s'assied et appuie la tête sur sa main en feignant de dormir, et indiquant d'où elle est sortie.*)

BETTY, *se moquant de Georges.*

Quelle faiblesse!
Le jour, la nuit,
Trembler sans cesse
Au moindre bruit.
Ah! quelle honte!
Craindre un démon!
Croire un tel conte!
Fi! le poltron!
Ah! ah! fi! le poltron!

GEORGES.

Pour être poltron
J'ons une raison.

TOUS.

Quelle faiblesse! etc.

(*Ils sortent tous par le fond, en se moquant de Georges.*)

SCÈNE III.

Les Mêmes, ANNA, *une lanterne à la main.*

ANNA.
C'est moi, c'est moi, mes bons amis.

GEORGES.
Ah! mon Dieu, encore quelque lutin.

BETTY.
Eh! non, c'est not' jeune maîtresse, miss Anna, la nièce de milord Hamilton.

GEORGES.
Pardon, Mam'zelle, c'est que je pensais,... je craignais... (*A part.*) C'te diable d'horloge, qui fait exprès d'sonner juste au refrain.

ANNA.
Des fenêtres du château, j'ai aperçu de la lumière dans votre ferme; et, s'il faut vous l'avouer, je n'étais pas trop rassurée........ dans ce grand bâtiment, toute seule... Avec ça qu'il est très-tard.

GEORGES.
Deux heures du matin, Mamzel'... l'heure des lutins.

ANNA.
Mais, puisque ma petite Jenny ne dort pas, je l'emmènerai avec moi; elle me tiendra compagnie. (*A Jenny.*) N'est-ce pas? (*Jenny va pour baiser la main d'Anna, qui l'embrasse.*) Pauvre Jenny!... qu'elle est bonne, sensible... et quel malheur!

BETTY.
Oui, oui, emmenez-la; car son père serait capable de la faire mourir de frayeur.

GEORGES.

Oh! que non... j'aimons trop not' fille pour ça.

ANNA.

Et vous comptez attendre mon oncle le reste de la nuit?

BETTY.

C'est un devoir et un plaisir....... N'est-ce pas, not' homme?

GEORGES, à part.

Oh! pour le devoir.... je n'dis pas.... Quant au plaisir...

ANNA.

Ah! vous avez bien raison de l'aimer, car il vous chérit tous comme ses enfans; et peut-il jamais oublier la joie de ses anciens fermiers, quand, il y a de cela deux années, il revint des Indes, où, depuis dix-sept ans, un arrêt cruel le tenait exilé?

BETTY.

Et quel chagrin on dit qu'il y eut dans le pays à son départ!.. Not' homme me fait toujours pleurer quand il me parle de ce jour où milord, au moment de s'embarquer, apporta sa fille, âgée d'un an, à la première femme de Georges, pour qu'elle la nourrit avec la sienne.

ANNA.

A peine de retour de son exil, mon oncle courut dans le Northumberland, où Georges s'était retiré, et nous ramena ma jeune cousine à Londres. Mais, hélas! peu de temps après, la mort la lui ravit.. et, dès-lors, toute l'affection de milord fut pour moi.

BETTY.

Vous le méritez bien, Mamzelle; et puis not' maître est si bon... avec nous surtout.

GEORGES.

Oh! quant à ça, il ne ressemble pas au propriétaire du château voisin, le lord Mulgrave.... Celui-là ne reçoit bien ses fermiers qu'aux termes,..... et avec leurs termes encore... C'est un prodigue... un dépensier..... En quelques dîners avec ses amis, il vous mangerait une terre avec le château et ses dépendances.

ANNA.

Peut-être le calomnie-t-on, Georges.

GEORGES.

Eh! non,..., eh! non, Mamzelle... Je l'connaissons p't'êt' b'en, moi...... Ma vieille tante Jeanne n'est-elle pas sa fermière?... J'allons la voir assez souvent dans sa ferme avec not' femme et Jenny... et quand ce mauvais sujet de milord nous rencontre, il a toujours quelques douceurs à dire à madame Georges.

BETTY.

Parce qu'il est galant, aimable, et pas sournois comme toi!...

GEORGES.

C'est ça,........ défendez-le, madame Georges, parce qu'il est joli garçon. Mais, si je vous reprends à mettre les pieds chez lui...

ANNA.

Assez, assez, Georges; lord Mulgrave nous intéresse très-peu...... Mais mon oncle devrait être déjà ici...... M. Frédéric n'a-t-il pas été au devant de lui sur la route de Londres?

(*Mouvement très-prononcé de Jenny au nom de Frédéric.*)

BETTY.

Oui, sans doute; il chérit tant milord, c'bon jeune homme! D'puis trois mois que vot' oncle est parti pour Londres, il v'nait là, dans not' ferme, causer avec nous..

Il a commencé à montrer à lire à Jenny... il veut aussi lui apprendre à écrire.

(*Jenny fait signe que oui.*)

ANNA.

Et moi aussi, je veux instruire Jenny... Il lui sera si doux de pouvoir tracer ce qu'elle ne peut exprimer !

BETTY.

Figurez-vous que, pour lui montrer à lire l'écriture, monsieur Frédéric lui écrivait quelquefois ; et, dam' ! elle avait bien vite déchiffré ça. C'est bien heureux pour elle, au moins, qu'il l'ait prise en amitié. C'est pas son père qui lui aurait appris quelque chose. (*A part.*) Lui qui devient tous les jours plus en dessous, depuis qu'on parle du retour de milord, surtout..... Mais j'n'y t'nons pas, j'saurons ce que tout ça veut dire.

ANNA.

Allons, viens, Jenny.... Le jour ne va pas tarder à paraître...... et, du balcon du château, nous appercevrons de plus loin mon oncle et notre ami Frédéric.

(*Jenny fait vivement le mouvement de sortir.*)

ANNA.

Adieu, Betty.

BETTY.

Mamzell'... j'sommes vot' servante. (*Aux paysans.*) Au revoir, mes amis. (*A Georges, qui veut sortir.*) Un instant, not' homme, (*le retenant.*) j'ons à causer ensemble.

GEORGES.

Quell' causeuse que c'te femme-là ! quelle causeuse !

Anna emmène Jenny.

SCÈNE IV.

GEORGES, BETTY.

DUO.

BETTY.
Voyons, notre homme, expliquons-nous
Ainsi que deux tendres époux.

GEORGES.
Voyons, not'femme, expliquons-nous
Ainsi que deux tendres époux.

BETTY.
Voici deux ans qu'en mariage
Tu reçus ma main et mon cœur.

GEORGES.
Ma fin', tu me parus si sage,
Que je doutai de mon bonheur.

BETTY.
De tous les fermiers du village,
Vrai, tu me parus le meilleur.

GEORGES.
Tu me parus fraîche et jolie.

BETTY.
Tu ne me parus jamais beau ;
Mais de toi j'étais si chérie !
Chaque jour c'était un cadeau ;
Et, près d'une femme jolie,
Rien n'embellit comme un cadeau.

GEORGES.
Qu'il en coûte pour être beau !

BETTY.
Mais tu n'es plus sincère.

GEORGES.
Comment !

BETTY.
Tu me caches un mystère.

GEORGES.
Vraiment.

BETTY.
La nuit, un rien te trouble.

GEORGES.

Laisse donc.

BETTY.

Tiens, ta rougeur redouble.

GEORGES.

Eh ! non.

BETTY.

Non !

GEORGES.

Non, non.

ENSEMBLE.

Ah ! peste soit du mariage !
Peut-on espérer d'être heureux
Dans un si cruel esclavage ?
Le bonheur n'est pas fait pour deux.

GEORGES.	BETTY.
Gardons le silence,	Malgré son silence,
Cachons mon secret,	Grâce à mon projet,
Car ma confiance	Je saurai, je pense,
Ici me perdrait.	Bientôt son secret.

BETTY.

Pour reconnaître ta franchise,
Je ne te cacherai plus rien.

GEORGES.

Tu feras bien, tu feras bien,
Quelle femme aimable et soumise !

BETTY.

Qu'un galant me trouve jolie,
Tu le sauras....

GEORGES, *faisant la grimace.*

Ah ! quel bonheur !

BETTY.

Qu'il me jure amour pour la vie,
Tu le sauras...

GEORGES, *même jeu.*

Ah ! quel bonheur !

BETTY.

Qu'il prenne ma main avec grâce,
Tu le sauras.....

GEORGES, *même jeu.*

Ah ! quel bonheur !

BETTY.
Et que parfois même il m'embrasse,
Tu le sauras....

GEORGES.
Ah ! quel bonheur !
Ta franchise, sur mon honneur,
Ma femme, fera mon bonheur.

ENSEMBLE.
Ah ! peste soit du mariage !
Peut-on espérer d'être heureux
Dans un si cruel esclavage ?
Le bonheur n'est pas fait pour deux.

GEORGES.	BETTY.
Gardons le silence,	Malgré son silence,
Cachons mon secret,	Grâce à mon projet,
Car ma confiance	Je saurai, je pense,
Ici me perdrait.	Bientôt son secret.

SCÈNE V.

Les Mêmes, FRÉDÉRIC, *accourant.*

FRÉDÉRIC.

Mes amis, mes amis, voici lord Hamilton, votre maître.

BETTY.

Ah ! monsieur Frédéric, la bonne nouvelle... Viens, not' homme, courons au-devant d'lui.

GEORGES, *troublé, à part.*

Je m' passerions bien de c'te politesse-là.

BETTY.

Je t'y prends encore ; qu'est-ce que tu dis-là tout bas ?

GEORGES.

Moi !... rien du tout.

BETTY.

Ah ! monsieur Frédéric, quel homme j'ai là ; il boit le jour, il dort la nuit, et il cause tout seul !

SCÈNE VI.

GEORGES, BETTY, FRÉDÉRIC, HAMILTON, ANNA, JENNY, Paysans, Paysannes, *entrant en entourant lord Hamilton.*

CHŒUR.

Vive, vive notre bon maître !
Puissent nos transports et nos vœux,
En ce jour, lui faire connaître
L'amour de ceux qu'il rend heureux !

HAMILTON, *avec affection.*

Ma chère Anna, mes bons amis, avec quel plaisir je reviens parmi vous ! (*Apercevant Georges.*) Eh ! bien, Georges, tu ne me dis rien ?

BETTY, *à Georges, qui se tient derrière elle.*

Allons, avance donc... réponds... Ben des excuses, milord ; mais d'puis queuq' temps je ne r'connaissons plus ot' homme... In' cause plus, in' répond plus ; y boit toujours, par exemple.

GEORGES.

Veux-tu te taire.

BETTY.

Du tout, du tout, j' veux parler... Mais malgré son air en dessous, voyez-vous, milord, il ne vous en aime pas moins ; il vous aime en dedans, et v'là tout.

HAMILTON.

Betty a raison, Georges ; depuis mon retour des Indes, je te trouve contraint avec moi. Je suis quelques fois brusque, sévère, mais jamais avec les honnêtes gens.

GEORGES, *embarrassé.*

Oh ! quant à ça, milord sait bien... depuis l' temps que j' sommes son fermier et son jardinier....

HAMILTON.

Va, je n'oublierai jamais les soins que tu donnas à l'enfance de ma fille; mais depuis deux ans seulement, je peux t'en prouver ma reconnaissance, puisque jusqu'à la mort de ta première femme tu refusas de quitter le Northumberland pour venir près de moi.

GEORGES.

Dam', milord... la santé de not' défunte...

HAMILTON.

Et ta petite Jenny... où donc est-elle?

FRÉDÉRIC, *la faisant avancer.*

La voici, milord.

HAMILTON.

Embrasse-moi, mon enfant; toujours plus jolie. A propos, Georges, dans mon voyage à Londres, j'ai consulté, selon ma promesse, le fameux docteur Lévis sur l'infirmité de ta fille.

TOUS, *se rapprochant de lui avec curiosité.*

Eh! bien, milord?

HAMILTON.

Il m'a répondu que si elle était muette de naissance, il n'y avait aucun espoir de guérison.

FRÉDÉRIC.

Non, non, milord...; à cinq ans elle parlait encore; et c'est, dit-on, par suite d'un saisissement qu'elle éprouva...

BETTY, *appercevant Jenny qui pleure.*

Ah! mon Dieu!... Jenny, ma chère Jenny, est tout en pleurs.

FRÉDÉRIC et ANNA.

La pauvre enfant!

ANNA, *avec bonté.*

Du courage! ma bonne amie; cela reviendra peut-être un jour.

BETTY.

Vas, ma petite Jenny, vas dans le verger prendre l'air; tu cueilleras un beau bouquet pour milord, et tu le lui apporteras.

(*Jenny sort en les regardant tous, et particulièrement Frédéric, avec expression.*)

SCÈNE VII.

LES MÊMES, excepté JENNY.

UN VALET, *entrant.*

Un courrier qui vient d'arriver, a, dit-il, une communication à faire à milord, de la part du prince.

HAMILTON, *à part, avec agitation.*

De la part du prince !

FRÉDÉRIC.

Milord !... Que signifie ?

HAMILTON.

Mon ami, ma chère Anna, vous saurez dans quelques instans la cause de mon retour précipité dans ce château.

ANNA, *l'interrogeant.*

Quelque malheur ?

HAMILTON.

Je n'en redoute aucun, puisqu'il dépend de mon ami, de mon fils adoptif, de m'en préserver.

FRÉDÉRIC.

De moi !

HAMILTON.

Dans une heure, Frédéric, je t'attendrai dans mon

cabinet. (*Aux paysans.*) Je vous quitte, mes enfans, mais je veux que l'on célèbre aujourd'hui mon retour.

GEORGES, *à part.*

C'est ça, et quoique le vin soit un peu cher dans le pays, je mettrai en perce deux tonneaux de celui de not' maître; ça fait que not' femme ne pourra pas me reprocher les bouteilles.

CHOEUR.

Vive, vive notre bon maître, etc.

(*Ils sortent tous.*)

SCÈNE VIII.

FRÉDÉRIC, *seul.*

Que voulait donc me dire milord ?... Que dois-je penser de son trouble ?... Et ce message du prince!... Ah! que ne ferais-je pas pour éviter un chagrin à mon bienfaiteur!... Voici Jenny... je sens qu'elle me devient plus chère tous les jours.

SCÈNE IX.

FRÉDÉRIC, JENNY, *un bouquet de roses à la main. Jenny s'avance timidement, sans lever les yeux, et offre son bouquet à Frédéric, croyant l'offrir à Hamilton.*

FRÉDÉRIC.

Quelle aimable surprise! (*Jenny se recule et paraît troublée en voyant son erreur.*) Je le vois, ce n'est pas à moi que vous destiniez ce bouquet... (*Jenny fait signe que non.*) Plus heureux que milord, ne l'obtiendrai-je pas de votre main ? (*Jenny le lui présente avec grâce.*) Chère Jenny, combien mon absence m'a semblé pénible loin de vous ! (*Jenny met la main sur son cœur.*) Oui, vous avez partagé mon chagrin. Maintenant que milord est de retour, obligé d'être souvent près de lui, nous nous verrons moins, mais je vous écrirai... Vous lisez si bien mes lettres... ce seront encore des leçons de lecture. (*Jenny sourit.*) Et un jour, peut-être, nous ne nous quitterons plus. (*Jenny baisse la tête avec tristesse.*) Et qui pourrait m'empêcher de vous consacrer ma vie, moi, le fils d'un simple lieutenant de vaisseau... orphelin, sans fortune, légué, par mon père mourant, au généreux Hamilton, son ami ?... Allez, Jenny, le bienfaiteur qui a pour moi la tendresse d'un père ne s'opposera point à mon bonheur. (*Jenny met avec émotion le doigt sur sa bouche, et indique à Frédéric qu'elle ne peut parler.*) Ah ! je ne vous en chéris que plus. N'avez-vous pas besoin d'un ami, d'un appui dans le monde ? je veux être le vôtre, et pour toujours. (*Jenny sourit.*) Je vous aime tant ! (*Jenny fait gaîment signe qu'elle n'en croit rien.*) Vous en doutez ?

(*Il lui présente une rose qu'il cueille au bouquet qu'elle tient.*)

ROMANCE.

Ier.

Eh bien ! qu'une épreuve rassure,
Jenny, votre cœur en ce jour,
Et qu'une fleur de doux augure
Soit l'interprète de l'amour !
Effeuillez-la... Oui, je vous aime.
(*A chaque mot Jenny arrache une feuille de rose.*)
Un peu, beaucoup, bien tendrement,

Pas du tout... La rose elle-même,
Jenny, vous trompe assurément.

IIe.

Confidente de ma pensée,
Que chaque feuille, sous vos doigts,
Tombe mollement dispersée,
Et de mon cœur fixe les droits.
Continuez... Oui, je vous aime
Un peu, beaucoup, bien tendrement.
   (Jenny arrache la dernière feuille.)
Cette fois, la rose elle-même
A parlé comme ton amant.

SCÈNE X.

Les Mêmes. BETTY.

BETTY.

Ah! vous v'la, monsieur Frédéric; ça s'trouve bien... c'est justement vous que je cherchais.

FRÉDÉRIC.

Et que me voulez-vous, ma chère Betty ?

BETTY.

J'ai une affaire essentielle à traiter seul à seul avec vous.

FRÉDÉRIC.

Vraiment ?

BETTY.

Va te reposer, ma petite Jenny ; le jour vient de paraître ; mais je veux que tu dormes quelques heures avant la fête, car il n'y a pas à dire... faut que tu sois la plus jolie et la plus fraîche des jeunes filles du pays.

SCÈNE XI.

FRÉDÉRIC, BETTY.

BETTY.

Nous sommes seuls...

FRÉDÉRIC.

Oui !

BETTY.

Alors, j'peux parler... Dites-moi, monsieur Frédéric, vous qui êtes un savant... j'voudrais vous demander... parce que j'ai des scrupules... et je voudrais pourtant bien savoir... vous m'direz ça au plus juste, vous.

FRÉDÉRIC.

Quoi donc, ma chère Betty ?

BETTY, *hésitant.*

Croyez-vous qu'une femme puisse honnêtement griser son mari ?

FRÉDÉRIC.

Que dites-vous ?

BETTY.

Chut ! pas si haut... T'nez, monsieur Frédéric, v'la ce que c'est : quand not' homme m'a épousée... j'l'aimais pas... D'abord, il est laid... mais un mari, c'est toujours beau pour une jeune fille... et puis, je le croyais franc... et j'aime la franchise, moi ! Eh ! bien, c'est pas ça du tout ; c'est un sournois.

FRÉDÉRIC.

Vraiment ?

BETTY.

Oui, un vrai sournois, qui a un secret sur le cœur,

qui m' cache quelque chose, enfin... et ce quelque chose-là, ça me tracasse...

FRÉDÉRIC.

Et c'est pour savoir son secret que vous voulez le griser ? mais alors c'est très-mal.

BETTY.

Non, puisque ce mal là c'est pour son bien... Ce qu'il a sur le cœur le rend malheureux ; j'm'apperçois d' ça ; il n'est plus gai ; il s'effraie de tout... Par exemple, c'te nuit, quand deux heures du matin ont sonné, sa bouteille lui est tombée des mains.

FRÉDÉRIC, *riant*.

Mais, c'est très-sérieux.

BETTY.

Certainement que c'est très-sérieux... une bouteille de vin vieux... Fallait quelque grande chose pour qu'il la lâchât, allez !

FRÉDÉRIC.

Et comment vous y prendrez-vous ?

BETTY.

J'vas vous dire... Quand il s'ra ben rond, je l' ferons jaser, parce que quand il a bu, il ne sait plus ce qu'il dit ; et faut qu'il s' méfie de lui, car depuis long-temps il n' boit jamais assez pour perdre la tête.

FRÉDÉRIC.

Vivent les femmes, pour l'adresse !

BETTY.

C'est drôle, n'est-ce pas... mais j' n'aurais pas pu l' mettre en gaîté toute seule, parce qu'il a une grande habitude... J'ai donné le mot aux meilleurs ivrognes du pays, qui vont me l' commencer à la taverne, et quand ils me l'auront bien mis en train, ils me le ramèneront ici, où je le finirai.

FRÉDÉRIC.

Charmant! charmant!... c'est une conspiration bachique.

BETTY, *regardant au fond.*

Les v'la, les v'la.

FRÉDÉRIC.

Qui... les conjurés?

BETTY.

Hein! les bonnes figures! tous des notables!

FRÉDÉRIC.

Le fait est qu'ils sont bien choisis.

BETTY.

J' crois bien... tout le corps municipal.

FRÉDÉRIC.

Je vous laisse, et je paierai même les frais de la guerre... vous me direz si ça a bien été.

BETTY, *à Frédéric qui sort.*

Oh! ils iront bien! j' vous en réponds, j' les connais. (*Aux paysans.*) Ah! ça, c'est bien convenu, quand vous me verrez entrer et que je vous f'rai signe de vous en aller... vous me laisserez seule avec not' homme.

LES NOTABLES.

Oui, oui, c'est convenu.

BETTY.

V'la du vin... je n' vous dis que ça... (*A part, en sortant.*) Et je reviendrai pour les grands coups.

(*Elle sort.*)

SCÈNE XII.

Les Notables, *assis autour d'une table.*

FINAL.

Buvons, trinquons, car le plaisir
Dort au fond de chaque bouteille ;
Si nous voulons qu'il se réveille,
Versons pour l'en faire sortir.

UN NOTABLE.

À bien boire l'on nous convie.
Mais, pour mieux griser leurs maris,
Que de femmes, je le parie,
Voudraient avoir de bons amis.

CHOEUR.

Buvons, trinquons, etc.

SCÈNE XIII.

Les Notables, GEORGES, et quelques autres Paysans.

GEORGES.

Au diable soit l'affreux lutin
Avec ses deux heur' du matin.

TOUS.

Eh! voici notre cher voisin.

GEORGES, *s'asseyant.*

Quand, par bonheur, je suis en train,
Je ne crains plus rien sur la terre ;
Démons, sorciers, remords, mystère,
Je noye tout dans du bon vin.

TOUS.

Vive le vin
Du cher voisin

SCÈNE XIV.

Les Mêmes, BETTY, *entrant en feignant la surprise.*

BETTY.
Bon Dieu! quels cris et quel tapage!
GEORGES, *à part, l'apercevant.*
Not' femme! ah! j'n'ai plus le courage
De conduire notre verre à bien.
BETTY.
Reste donc, je ne te dis rien.
Ne faut-il pas qu'un jour de fête
On boive un peu pour qu'elle soit complète?
Allons, versez, versez-vous bien.
GEORGES.
Enfin te voilà raisonnable;
Quel trésor de femme j'ai-là!
BETTY.
Maintenant, je crois que voilà
L'moment d'leur fair' quitter la table.
(*Bas, au Notable.*)
A présent vous pouvez partir.
LES NOTABLES, *se cramponnant à la table.*
Partir, quand on commence à boire :
Non, non, vous pouvez nous en croire,
Aucun de nous ne veut sortir.
BETTY.
Ah! les coquins! Comment donc faire
Pour savoir seule le mystère?
CHŒUR.
Buvons, trinquons, car le plaisir
Dort au fond de chaque bouteille :
Si nous voulons qu'il se réveille,
Versons pour l'en faire sortir.
BETTY.
Ah! d'un moment si favorable
Ne profiterai-je donc pas?

Interrogeons-le, mais tout bas.
(*A Georges.*)
Tu vois que je suis raisonnable :
Allons, plus de secret pour moi.
GEORGES.
Non, j'n'en aurons plus, sur ma foi ;
Je parlerais devant toute une ville.
C'est à faire mourir d'effroi.
BETTY.
Non, non, Georges, c'est inutile ;
Ne conte tout cela qu'à moi.
GEORGES, *criant, tout-à-fait gris.*
Non, non, Betty, plus de silence ;
Pour nous avoir donné ce vin
Je te dois d'la reconnaissance.
Mes amis, je suis un coquin.
TOUS, *gris.*
Notre ami George est un coquin
  Buvons, buvons, buvons son vin.
GEORGES.
Un vrai coquin, sans conscience :
(*Commençant à s'assoupir.*)
J'ai rendu le mal pour le bien.
BETTY.
S'il s'endort, je ne saurai rien.
GEORGES.
Je ne crains rien, car ce mystère,
Dans un écrit fut tracé, par bonheur.
BETTY, *à part.*
J'aurai l'écrit, sur mon honneur.
GEORGES.
Quand je fermerai la paupière
On le trouv'ra dans la chaumière
De ma vieil' tante, la fermière,
Dont lord Mulgrave est le seigneur.
BETTY.
Chez notre tante, la fermière ?
GEORGES.
Eh ! sans doute, caché derrière
La porte de la cave au vin.

LES NOTABLES, *presque endormis.*
Vive le vin
Du cher voisin !
GEORGES, *se réveillant un peu.*
Quand je pense à cet incendie...
BETTY.
Il va nous dire son secret.
GEORGES.
A ses flammes, à leur furie,
Comme en ces lieux chacun dormait.
(*Sa tête retombe sur la table, il s'endort profondément.*)
BETTY, *sortant et se moquant de Georges.*
Demain, je saurai ton secret.

(*Tous les ivrognes sont endormis, appuyés sur la table. Le final se termine par les ronflemens des buveurs, et Betty s'éloigne par le fond, sur la pointe des pieds.*)

FIN DU PREMIER ACTE.

ACTE DEUXIÈME.

Le Théâtre représente un parc anglais très-boisé, orné de vases et de statues; à droite de l'acteur, un vaste pavillon où l'on monte par quelques marches; ce pavillon s'ouvre sur la scène et paraît conduire à d'autres appartemens du rez-de-chaussée; au fond du pavillon, un sopha, à côté une console, au milieu une table couverte de papiers; ce pavillon est orné de gravures et de tableaux. A gauche de l'acteur, en face du pavillon, un bosquet de roses; sous le bosquet, un banc de gazon. Au lever du rideau, la scène présente l'aspect d'une fête champêtre très-animée; des danses anglaises occupent le milieu du théâtre.

SCÈNE PREMIÈRE.

Paysans et Paysannes, *dansant*.

CHOEUR.

Dansons à notre aise
Tout le long du jour;
Notre vive anglaise
Protège l'amour;
Sa grâce légère
Sert les rendez-vous,
Et son doux mystère
Brave les jaloux.

SCÈNE II.

Les Mêmes, BETTY, *accourent.*

BETTY.

Mes bons amis, chantez moins fort;
Tout près d'ici Georges sommeille,
Et je l'aime trop quand il dort
Pour permettre qu'on le réveille.
Et puis comme dit la chanson...
CHŒUR.
Ah voyons! que dit la chanson?

CHANSONNETTE.

BETTY.

Dormir trop fort
Est un grand tort
Quand on a femme jolie;
L'hymen s'ennuie,
L'époux a tort
Quand le sommeil est le plus fort.

Premier Couplet.

Nelly, ma voisine,
Avait un mari;
De Nelly, ma fine,
Il était chéri;
Mais sous la feuillée,
Toujours il dormait;
Sa femme, éveillée,
En bâillant disait :

Dormir trop fort, etc.

Deuxième couplet.

A l'épouse tendre
Un voisin joyeux

Sait se faire entendre
En parlant des yeux ;
Le mari s'éveille,
Et, le jour suivant,
Chacun à l'oreille
Se dit en riant :

Dormir trop fort, etc.

(*Le chœur reprend,* Dansons à notre aise, *etc., et tous s'éloignent, excepté Betty.*)

SCÈNE III.

FRÉDÉRIC, BETTY.

BETTY, *courant à Frédéric qui descend du pavillon.*

Ah! vous v'là, M. Frédéric..... Dites donc, le vin a fait son effet....... Était-il rond, not homme ? était-il rond ?..... a-t-il bu ? a-t-il causé ? Il ne m'en faudrait pas tant à moi..... Figurez-vous qu'il y a un mystère, des papiers cachés derrière la porte d'une cave, chez not' tante, la fermière, au château de lord Mulgrave, à deux milles d'ici... Eh! bien, vous ne m'écoutez pas!

FRÉDÉRIC.

Et Jenny, que fait-elle ?

BETTY.

Elle repose encore, et n's'est doutée de rien. J'aurais déjà profité du sommeil de Georges, pour courir chez not' tante ; mais j'ai pensé qu'il y avait une meilleure occasion pour ça. (*En confidence.*) Tous les soirs, il va boire un coup, en cachette, dans not' cellier, qui donne sur la grande route, et, dès que je l'y verrai entrer,... suffit... j'ai mon projet.

FRÉDÉRIC, *vivement.*

Betty, je vous supplie, prenez cette lettre, et remettez-la de ma part à Jenny. (*A part.*) Ah! je n'aurais pas la force de lui apprendre moi-même notre malheur!

BETTY.

Ah! mon Dieu! qu'est-ce que vous avez donc? vous v'là tout pâle.

FRÉDÉRIC.

Ne tardez pas, courez remettre cet écrit à Jenny.

BETTY.

Est-ce que vous voulez lui donner encore une leçon de lecture? il vaudrait mieux lui apprendre à écrire maintenant... (*A part.*) Ah! monsieur Georges, vous avez des secrets pour vot' femme... Eh ben! nous verrons ça.

(*Elle sort.*)

SCÈNE IV.

FRÉDÉRIC, *seul.*

RÉCITATIF.

Cruel destin! quoi, de mon bienfaiteur
Il faut que j'épouse la nièce,
Ou milord est perdu!... Non, non, plus de faiblesse
Jenny, dans mon écrit, connaîtra mon malheur.

Air.

Adieu plaisir, tendre constance,
Projets d'amour pour l'avenir,
Chère Jenny, plus d'espérance,
L'hymen ne doit pas nous unir.
   Quand ton doux visage
   Peignait le bonheur,
   Ton muet langage
   Enchantait mon cœur.
   Malgré la nature
   Injuste envers toi,
   Ton âme si pure
   S'exprimait pour moi.

Mais, hélas ! la reconnaissance
Me fait une loi de te fuir.
Jenny, cache-moi ta souffrance,
Ta douleur me ferait mourir.
Adieu plaisir, adieu constance,
Projets d'amour pour l'avenir,
Chère Jenny, plus d'espérance,
L'hymen ne doit plus nous unir.

Lord Hamilton s'avance avec sa nièce... mon sort va donc se décider !

SCÈNE V.

HAMILTON, ANNA, FRÉDÉRIC.

HAMILTON.

Allons, mon Anna, pourquoi baisser les yeux ? Ne me tiens-tu pas lieu de fille ?.. Je destinais, en secret, la mienne à Frédéric ; tu vois que je n'ai rien changé à mes projets.

ANNA.

Mon oncle !

HAMILTON.

Quelques mots ont suffi pour décider Frédéric à remplir tous mes vœux.

FRÉDÉRIC.

Ah ! milord, avais-je besoin d'en entendre davantage ? Sans cette union, la colère du prince ne vous menaçait-elle pas ?

ANNA.

Ah ! de grâce ! parlez.

HAMILTON.

Entraîné, il y a quinze ans, dans quelques troubles politiques... le vieux lord Mulgrave, depuis long-temps mon rival, saisit cette occasion pour me perdre... Je fus exilé... J'expiai long-temps sur la terre étrangère un court moment d'erreur... Mon ennemi cessa de vivre, et je fus rappelé dans ma patrie... Mais je n'avais cependant pu rentrer en grâce auprès du prince, lorsqu'il y a peu de jours il m'accorda un entier pardon et m'annonça que, désirant étouffer tout sentiment de haine entre ma famille et celle de lord Mulgrave... il me demandait ta main, mon Anna, pour le jeune lord, le fils et l'héritier de mon persécuteur.

FRÉDÉRIC.

Et l'on n'a pas craint de vous proposer un jeune homme dont les excès sont connus de toute la capitale ?

HAMILTON.

Je sais que l'on vante la bonté de son cœur; mais ses fautes et sa coupable légèreté me firent trembler pour l'avenir de ma nièce... J'hésitai... La figure du prince devint sévère...... Refuser ouvertement était me perdre pour jamais.... Parler à Son Altesse de la conduite du jeune lord sur lequel sa bonté l'aveugle, aurait passé pour de la haine, de la vengeance peut-être!..... Une pensée soudaine me sauva; et je lui annonçai, mes enfans, que vous étiez secrètement unis.

ANNA.

Et que dit le prince, mon oncle ?

HAMILTON.

Il parut surpris, affligé de ma réponse, et m'avoua que, ne doutant point de mon consentement, il avait écrit à lord Mulgrave de venir me demander ta main, sitôt qu'il apprendrait mon retour dans ce château.

ANNA.

O ciel !

HAMILTON.

Craignant que la vérité ne fût connue, j'accourais dans ces lieux pour vous unir. J'espérais cependant avoir le temps de vous préparer à cet hymen, lorsqu'un courrier, parti de la ville peu de temps après moi, vient de m'apporter la nouvelle que le prince, devant visiter ce canton sous peu de jours, désire que je lui présente ma nièce et son époux.

ANNA *et* FRÉDÉRIC.

Grands Dieux !

HAMILTON.

Je ne doute pas, mes enfans, que cet hymen n'assure votre bonheur ;... mais la moindre indiscrétion, le plus léger retard dans votre union pourrait éclairer le prince.

ANNA.

Mon oncle, voici ma main.

HAMILTON.

Bien, mon Anna...... Dans quelques instans, le ciel recevra vos sermens.

FRÉDÉRIC, *à part.*

Jenny, c'en est donc fait !

GEORGES, *chantant dans la coulisse.*

J'arrose, j'arrose, j'arrose,
Le matin l'œillet et la rose.

FRÉDÉRIC, *à part.*

J'entends la voix de Georges... Ah ! si Jenny l'accompagne, je ne serai plus maître de moi.

HAMILTON.

Le trouble de la fête protégera mes desseins ; le passage qui donne dans ce pavillon nous conduira secrètement à l'oratoire du château.

FRÉDÉRIC, *vivement.*

Ah ! fuyons, fuyons.

(*Ils sortent par le côté du parc opposé à l'entrée de Georges.*)

SCÈNE VI.

GEORGES, *entrant en arrosant.*

COUPLETS.

J'arrose, j'arrose, j'arrose,
Le matin l'œillet et la rose ;
Mais, le soir, jamais je n'arrose
    Que le gosier
    Du jardinier.

Ier.

Quand se fâche ma ménagère,
Je lui reproch' son air mutin ;
Car j e suis bon, doux et sincère,
Mais surtout tendre dans le vin ;

Aussi, j'arrose, j'arrose, etc.

IIe.

Pour prospérer, dans la nature,
Aux fleurs il faut d'l'eau, c'est certain ;
Mais, pour qu'ils prospèrent, je le jure,
Aux jardiniers il faut du vin.

Aussi, j'arrose, j'arrose, etc.

SCÈNE VII.

GEORGES, Lord MULGRAVE.

MULGRAVE.

Eh ! me voici en pays de connaissance ; c'est ce bon Georges..., le digne neveu de ma fermière.

GEORGES.

Ah ! mon Dieu !... lord Mulgrave.

MULGRAVE, *riant.*

C'est étonnant l'effet que je produis sur les habitans de ce pays... Ils ont, à ma vue, un air de surprise et d'épouvante qui me va au cœur.

GEORGES.

Est-ce que, par hasard, milord viendrait pour voir notre maître ?

MULGRAVE.

Par hasard ; du tout mon ami, c'est bien exprès. Je viens ici aux informations.

GEORGES.

Aux informations !

MULGRAVE.

Ça t'étonne ; que veux-tu ?.... Autrefois, les pères des filles à marier prenaient des informations sur les gendres, à présent les gendres en prennent sur les beaux-pères... Chacun son tour.

GEORGES.

Je n'comprends pas....

MULGRAVE.

Tel que tu me vois, mon cher Georges, je suis décidé à expier les folies de ma jeunesse... Et comme le châtiment doit être aussi grand que les fautes... je vais me marier.

GEORGES.

Il est sûr que c'est courageux.

MULGRAVE.

N'est-ce pas ? surtout quand on n'a pas de vocation ; mais j'ai chez moi, dans ce moment-ci, une collection complète des plus mauvais sujets de Londres, mes amis intimes, avec lesquels je fais de la morale toute la journée ; vrai, c'est édifiant ; ce sont eux qui m'ont decidé... Il est vrai qu'une lettre du prince, qui désire le mariage en question, y était pour quelque chose.

GEORGES.

C'est égal... C'est beau.

MULGRAVE.

Je te dis, je ne suis plus reconnaissable.... Figure-toi que j'ai fait bâtir dans ma terre un petit pavillon admirable pour les cours de sagesse... Rien ne manque aux démonstrations, portes secrètes, escaliers dérobés... C'est moi qui professe... Mes disciples vont déjà très-bien... Nous faisons de la philosophie en buvant du vin de Champagne.

GEORGES.

Alors j'serais un fameux philosophe, moi.

MULGRAVE.

Eh! dis-moi donc... ta petite Jenny, elle doit être charmante depuis que je ne l'ai vue.... A peine maintenant si elle vient au château; parlez-moi d'une femme comme ça; avec elle on a toujours raison... Et puis des yeux qui disent tant de choses!... Vrai, si elle avait la parole, il y aurait double emploi.

GEORGES.

Ah! dam'! c'est gentil!... Et puis c'est sage, modeste.

MULGRAVE.

A propos de ça... je serais bien aise de savoir si la nièce de lord Hamilton, miss Anna, est aussi jolie qu'on le prétend.

GEORGES.

Je l'crois bien, qu'elle est jolie.

MULGRAVE.

Tant mieux, la pénitence sera plus douce.

GEORGES.

Comment la pénitence?

MULGRAVE.

Tu ne devines pas? c'est elle que j'épouse..... Une femme charmante, un million de dot... A la bonne heure ; on peut faire un bail de sagesse avec ça, sans se compromettre.

GEORGES, *très-surpris.*

Quoi ! la nièce et la fortune de mon maître !

MULGRAVE.

Tout cela m'est destiné... Le prince a dû faire la demande à lord Hamilton, et je viens l'appuyer de ma présence. Je crois, entre nous, que ça n'y nuira pas... J'ai laissé mes bons amis à table dans mon château ; ils attendent avec impatience le résultat de ma visite.... Parole d'honneur, ils sont plus enchantés que moi de mon mariage.

GEORGES.

C'est qu'ils vous aiment.

MULGRAVE.

Je le crois bien... J'ai une terre superbe, une cave excellente. Nous devons faire ce soir, entre nous, un souper de fiançailles délicieux, dans le pavillon du cours de sagesse... Mais qui vient là ?... Eh ! c'est la charmante Betty.

SCÈNE VIII.

LES MÊMES, BETTY, *accourant.*

BETTY.

Ah ! bon Dieu !... Bon Dieu ! quelle nouvelle.... Vot' servante, milord.

GEORGES.

C'est bon, c'est bon, madame Georges ! voyons, qu'arrive-t-il ?

BETTY.

Un événement, un malheur..., un mariage.

MULGRAVE.

Eh ! sans doute... le mien.

BETTY.

Du tout, du tout ; celui de M. Frédéric avec la nièce de milord.

MULGRAVE.

Ma future ! un instant, je m'y oppose.

BETTY, *à part à Georges.*

Et Jenny, ta pauvre fille, elle est au désespoir.

GEORGES.

Au désespoir !

BETTY.

C' monsieur Frédéric ! s'en faire aimer, adorer, et lui écrire ensuite qu'il en épouse une autre !

GEORGES.

Jenny au désespoir !

MULGRAVE.

Ah ! ça, m'expliquera-t-on ?....

GEORGES, *s'oubliant et se parlant avec force.*

Ah ! si j'osais courir chez not' tante, ce mariage-là...

BETTY.

Tu l'empêcherais ?....

GEORGES, *troublé.*

Moi, je n'ai pas dit ça.

MULGRAVE.

J'espère bien qu'on l'empêchera ; d'abord, me voilà ; j'ai des titres... Je suis amoureux sur parole... et je brûle d'aller défendre mes droits en personne.

BETTY.

C'est ça, faut vous opposer à ce mariage là. Ma pauvre Jenny... Venez, venez, je vais vous conduire à lord Hamilton. (*Regardant Georges, à part.*) Et quant à toi, vilain sournois, je vas te guetter.

MULGRAVE.

C'est singulier, l'envie que j'ai de me marier, depuis qu'on me dispute ma future. (*Ils sortent.*)

SCÈNE IX.

GEORGES, JENNY, *accourant du côté opposé à la sortie de Mulgrave et de Betty ; ensuite* BETTY.

GEORGES.

Jenny au désespoir !... (*L'apercevant.*) Jenny, Jenny, ma pauvre Jenny, que veux-tu, mon enfant ? (*Jenny joint les mains pour le prier, et fait signe qu'elle veut fuir.*) Hein.... que dis-tu ?... t'en aller... quitter ce château... toi, quand tu devrais... oh ! non, je ne le souffrirai pas. (*Jenny met les mains sur ses yeux et fond en larmes.*) Elle pleure ! elle pleure ! Et quand je pense qu'avec un mot, j'pourrions la consoler, lui rendre le bonheur ! Oui, mais faut du courage pour le dire ce mot, et quand je somm's à jeûn, je n'en n'ons pas. (*Jenny, honteuse, se cache la figure dans ses mains, puis paraît implorer son pardon de Georges.*) Va, je sais tout ; ton pardon ! ah ! je n'ons pas le droit de t'en accorder : il t'a rendue bien malheureuse, ce monsieur Frédéric... Tu l'aimais donc bien ? (*Jenny met la main sur son cœur avec une expression déchirante.*) Et tu ne pourras pas l'oublier ? (*Jenny lui montre le ciel, et lui fait voir que tout est fini pour elle sur la terre.*) Que dis-tu ?... quoi ! tu en mourrais !... Ah ! je n'y t'nons plus... quand milord devrait me tuer sur la place, tu vas tout savoir. (*Jenny se rapproche vivement de Georges.*) D'puis ton enfance, Jenny, j'ons pour toi l'amour d'un père, et pourtant je n'sommes pas le tien.

(*Jenny le regarde avec une surprise mêlée d'effroi.*)
Le tien, Jenny, c'est not' maître, c'est lord Hamilton.
(*Les traits de Jenny peignent l'égarement; elle fait signe qu'elle ne le croit pas; puis tout-à-coup, saisissant la main de Georges, elle l'étend vers le ciel.*)
Oui, oui, je t'en fais le serment, je t'ai dit la vérité. (*Indiquant son cœur.*) V'la ben des années que j'ons c'secret-là sur le cœur, et fallait pas moins que ton désespoir pour me l'arracher. Ecoute, écoute. (*Jenny, appuyée sur le bras de Georges, témoigne la plus grande surprise.*) Not' fille et toi, vous étiez du même âge, vous aviez cinq ans : d'puis quatre, j'étais fermier dans le Northumberland ; not' pauvre défunte, qui vous aimait autant l'une que l'autre, vous avait laissé croire que vous étiez toutes deux mes filles... Une nuit, vous dormiez auprès d'elle... j' rentrai gris dans ma chaumière, j' m'endormis ma pipe à la bouche, et quand je m' réveillai, tout brûlait autour de moi.

(*Jenny paraît vivement frappée de ce souvenir.*)

COUPLETS.

Ier.

Voilà que tout tremblant d'effroi,
Je m'enfuis hors de not' chaumière :
On sauva ma fille et sa mère ;
Hélas ! on n'pensa plus à toi.
Dans l'feu j'm'élance avec vitesse :
J't'en arrache, vœux superflus !
Tes yeux m'parlèrent encor de ta tendresse,
Mais ta bouche ne l'exprima plus.

(*Jenny fait un signe de douleur.*)

IIe.

Tout le pays vint à connaître
Qu' mon ivress' causa ton malheur ;
Milord revint, je l' trompai, car, peut-être,

Qu'il m'eût tué dans sa fureur ;
Mais tu l' priras pour ma vieillesse ;
Tes vœux ne s'ront pas superflus
Lorsque tes yeux lui peindront la tendresse
Que ta bouche n'exprime plus.

(*Jenny sert la main de Georges avec effusion.*)

Je l'vois encore ce jour où milord accourut chez nous, pour chercher sa fille... La nôtre s'présenta la première à lui... il la prit pour toi... Dans mon épouvante, j'n'osai pas le détromper... il l'emmena, et bientôt après, le ciel me punit... elle mourut... ma pauvre femme la suivit... Je m'résolus à tout avouer ; je quittai le pays : je r'vins dans c'te ferme... je m'y r'mariai... j' bois sans cesse pour 'm' donner du courage, l' vin diminue et l' courage n'augmente pas : mais, dès aujourd'hui, milord saura tout. (*Jenny fait signe qu'on ne le croira pas.*) Oh ! que si, oh ! que si, on me croira... L'brave schérif du canton que j'habitais alors vous connaissait, not' fille et toi, d'puis vot' enfance..... Quand il sut que j'avais trompé not' maître, il voulait lui écrire... je le suppliai de n'en rien faire... je lui jurai que j'allais tout révéler, et je partis en emportant les preuves de ta naissance, qu'il avait certifiées lui-même. (*Jenny tombe à genoux, et regarde le ciel avec reconnaissance.*) J' n'ons pas osé apporter ces papiers-là, ici... Betty est si curieuse... mais je les ons serrés chez not' tante, la fermière de lord Mulgrave, dans une cachette à moi, derrière la porte de la cave... ça fait que comme ça, je les visite plus souvent. (*Jenny fait signe qu'elle connaît l'endroit.*) Maintenant, tu sais tout... Demain, Jenny, je n'oserons plus t'embrasser... mais, aujourd'hui, je l'pouvons encore. (*Jenny se jette dans ses bras.*) Ouf !... v'la long-temps que j' n'ons respiré aussi à mon aise... Adieu, Jenny, adieu ; j'allons faire un tour dans not' petit cellier, pour me donner du cœur.

BETTY, *paraît au fond.*

Au cellier... v'la l' moment que j'attendais.

GEORGES.

Et j' courons chercher nos papiers ; c'est bien le moins que l' vin m' fasse faire une bonne action, il m'a fait faire assez de sottises.

(*Il sort.*)

BETTY, *au fond, sans être vue de Jenny.*

Va, va, je te suis... crac, crac... deux tours de clef, et j' t'enferme jusqu'à mon retour.

(*Elle sort. Jenny entre dans le bosquet en face du pavillon, et remercie le ciel, pendant les premiers vers du morceau suivant.*)

SCÈNE X.

HAMILTON, MULGRAVE, FRÉDÉRIC, ANNA, JENNY, *dans le bosquet.*

MORCEAU D'ENSEMBLE.

MULGRAVE, *à lord Hamilton, en entrant.*
Ne redoutez pas que j'abuse,
Milord, de votre secret ;
Mais convenez-en, cette ruse
Auprès du prince vous perdrait.

HAMILTON.
Leur union fait mon espérance ;
Mais, croyez-moi, c'est à regret
Que je refuse ici votre alliance.

MULGRAVE.
Eh ! bien, de votre confiance
Je serai digne, sur l'honneur.
(*A Anna.*)   (*A Frédéric.*)
Soyez heureuse ; et faites son bonheur.

FRÉDÉRIC, *à part.*
Plus le moment fatal avance,
Plus je sens chanceler mon cœur.

(*Jenny, qui vient d'apercevoir les acteurs en scène, écarte le feuillage, et les écoute avec anxiété.*)

HAMILTON.
De ce côté, l'on peut avec mystère
Se rendre au temple où l'hymen va se faire.
Venez, suivez-moi..........

(*Jenny, prête à s'évanouir, s'appuie contre le bosquet, pendant que les personnages en scène se disposent à monter au pavillon.*)

Venez sans tarder davantage,
Mes chers enfans, on nous attend.
Tout est prêt pour le mariage;
Vous serez unis dans l'instant.

(*A peine ces mots sont-ils prononcés, que Jenny sort du bosquet et vient tomber aux pieds d'Hamilton.*)

TOUS.
Jenny! Jenny!
Que veut dire ceci?
FRÉDÉRIC, *à part.*
Mon effroi redouble,
Ma tête se trouble.
HAMILTON.
Ma chère enfant, d'où vient cette douleur?
(*Jenny regarde Frédéric en pleurant.*)
Craindrais-tu donc quelque malheur?

(*Jenny fait signe que oui; puis elle saisit la main d'Hamilton, et la baise avec tendresse.*)

TOUS.
Pauvre Jenny! d'où peut venir sa peine?
FRÉDÉRIC, *à part.*
Ah! moi seul, je connais sa peine.
HAMILTON.
Auprès de moi, mon enfant, qui t'amène?

(*Jenny étend la main vers le ciel, comme avec Georges dans la scène précédente; puis supplie qu'on l'écoute.... Moment de silence.*)

TOUS.

Que veut-elle donc faire entendre ?
Vraiment, je n'y puis rien comprendre.

(*L'orchestre joue le refrain des couplets de Georges : J'arrose, etc. Jenny a l'air de l'indiquer à Hamilton, en lui montrant, en même temps, quelques outils de jardinage ; puis, croyant avoir assez désigné Georges, elle fait signe qu'il n'est rien pour elle.*)

TOUS.

Que veut-elle donc faire entendre ?
Vraiment, je n'y puis rien comprendre.

(*Jenny, portant ensuite sa main sur le cœur d'Hamilton et la reportant sur le sien, cherche à lui faire comprendre qu'elle lui appartient.*)

TOUS.

Mais, grands Dieux ! que veut-elle dire ?

(*Jenny, ne pouvant se faire entendre, fond en larmes.*)

FRÉDÉRIC, à part.

Affreux tourment, affreux tourment !

MULGRAVE, à Anna.

Ne sait-elle donc pas écrire ?

ANNA.

Non, non, bien malheureusement.

HAMILTON.

Qu'on appèle Georges, à l'instant.

TOUS, appelant.

Georges, Georges.

(*Jenny fait signe qu'il n'est pas au château.*)

HAMILTON, avec bonté.

Eh ! bien, calme-toi, mon enfant ;
Le brave Georges, peut-être,
Plus tard, nous fera connaître
Ce qui cause ici ton tourment.
(*A Frédéric et à Anna.*)
Venez, venez, le temps nous presse.

(*Jenny, voyant l'effort que fait Frédéric pour sortir, court à un rosier, en arrache une rose, et l'effeuille devant lui, pendant que l'orchestre fait entendre l'air des couplets de Frédéric, au premier acte, sur la rose.*)

FRÉDÉRIC, à part.

Quel souvenir !
Il m'accable, il m'oppresse.

HAMILTON.

Allons, allons, il faut partir.
(*Sur le mouvement de Frédéric pour partir, Jenny, épuisée par tant d'efforts, s'évanouit au moment où la dernière feuille de rose s'échappe de ses mains.*)

FRÉDÉRIC, *courant à elle.*
Jenny, Jenny, courons la secourir.

HAMILTON *et* ANNA.

Quel est donc ce mystère ?
Je n'y comprends rien vraiment ;
Sa douleur me désespère,
Que je plains la pauvre enfant !

FRÉDÉRIC.

Ah ! je connais le mystère,
Je partage son tourment ;
Sa douleur me désespère ;
Pour mon cœur affreux moment :

MULGRAVE, *regardant Frédéric.*

J'ai deviné, je l'espère,
Ce qui cause son tourment ;
Mais, hélas ! que peut-on faire
Pour calmer la pauvre enfant ?

(*Quelques paysannes sont entrées, et aidées d'Anna ont porté Jenny dans le pavillon, dont les portes se sont fermées sur elles.*)

HAMILTON, *parlant sur la ritournelle.*

Venez, mes amis... Cet événement, le trouble qu'il a causé.... tout trahirait le secret de votre hymen.... Attendons maintenant la nuit pour le célébrer... Nous nous rendrons à l'oratoire par la galerie du château.

FRÉDÉRIC, *regardant le pavillon avec douleur.*

Et Jenny ! Jenny !

ANNA.

Silence, elle repose.

HAMILTON, *à Mulgrave.*

Mulgrave, comptez sur ma reconnaissance.

MULGRAVE.

Et vous, milord, sur ma discrétion... Adieu.
(*Hamilton sort avec Frédéric et Anna.*)

SCÈNE XI.

MULGRAVE, *seul.*

Pauvre Jenny!... ils ne l'ont pas comprise... Mais, moi, spectateur désintéressé... j'ai tout observé... Les yeux de la jeune fille se tournaient sans cesse sur ce monsieur Frédéric, qui m'enlève ma future... Il paraît que pas une de la maison n'en a réchappé.... Croyez donc aux bons sujets, après ça... Vraiment, je m'admire... Quel trait! sacrifier une femme charmante et un million de dot, le tout par pure générosité.......
Il est vrai que le beau-père n'était pas fou de mon alliance... Mes bons amis vont-ils se moquer de moi! et que m'importe?

(*La nuit vient graduellement.*)

RONDEAU.

Du mariage
Bravant la loi,
Son esclavage
N'est pas pour moi :
Jamais de peines
Pour mes beaux jours,
Jamais de chaînes
Dans mes amours.

Vive, sur la terre,
Le sort d'un garçon!
Époux trop austère,
Garde ta leçon;

Constant pour la vie,
Aime sans changer.
Ta femme jolie
Saura nous venger.

Lorsqu'une belle
Vient me charmer,
Mon cœur, près d'elle,
Jure d'aimer.
Mais ce beau zèle
Dure un moment ;
Ne suis fidèle
Qu'au changement.

Du mariage
Bravant la loi, etc.

Au moment où Mulgrave va quitter la scène, les portes du pavillon s'ouvrent doucement. Jenny paraît sur le seuil, elle se frotte les yeux comme sortant d'un évanouissement, elle est pâle. On voit dans le fond du pavillon une paysanne endormie près du sopha sur lequel on avait couché Jenny. Une lampe brûle, la nuit est fort noire, et le tonnerre gronde dans le lointain.)

SCÈNE XII.

MULGRAVE, JENNY.

FINAL.

MULGRAVE.

Qu'aperçois-je ? que signifie ?...
Ah ! c'est elle, c'est Jenny.
La pauvre enfant, qu'elle est jolie !
Elle s'avance par ici.
  (Jenny descend doucement les marches du pavillon.)
Abordons-la.
    (Jenny recule effrayée.)
  Pas d'effroi,
Pas d'effroi... C'est moi,
C'est lord Mulgrave, ma belle.
    (Jenny le regarde fixement.)
Que je vous plains ; votre douleur mortelle

Tout à l'heure me désolait.
(*Jenny verse des pleurs.*)
Mais je connais votre secret.
(*Jenny s'éloigne de quelques pas.*)
Je sais, je crois, la cause de vos larmes :
Il n'est pas marié, plus d'alarmes.
(*Jenny témoigne sa surprise.*)
(*A part.*)
J'ai bien deviné, je le voi.
(*Haut.*)
Je suis presque un ami d'enfance.
Laissez-moi
Vous donner un conseil de prudence.
(*Jenny l'écoute avec attention.*)
Quittez cette maison, au moins pour quelques jours ;
Vous y reviendrez toujours.
Chez votre tante, ma fermière,
Venez, venez.
(*Au nom de la fermière, Jenny paraît frappée d'un souvenir et l'écoute attentivement.*)
Cet hymen qui vous désespère,
Demain, je crois, doit s'accomplir.
Nous sommes si près de ma terre,
On peut ici promptement revenir.
(*Jenny paraît saisir cette idée, elle fait vivement le geste de partir, puis montrant les papiers qui sont sur une table dans le pavillon, elle indique qu'elle peut être de retour, et avec les preuves de sa naissance empêcher le mariage. Pendant ce temps, l'orchestre fait entendre l'air des couplets que Georges a chantés à Jenny, dans sa scène avec elle.*)
C'est pour votre bonheur, ma chère,
Que je vous donne cet avis.
(*Jenny fait vivement le geste de partir.*)
Elle viendrait, moment prospère !
Ai-je compris ?... Ai-je compris ?
(*Jenny renouvelle son geste de départ.*)
Près de ce lieu j'ai ma voiture ;
Chez votre tante nous pouvons courir.
(*Jenny tombe à ses pieds en le suppliant de l'emmener.*)
Ah ! la singulière aventure !
A mes genoux, avec moi pour partir !

(*L'interrogeant.*)

Avec moi voulez-vous partir ?

(*Jenny fait signe que oui.*)

(*A part.*)

Ah ! pour moi la douce surprise!
Allons, calmons ce jeune cœur,
Puisque l'innocence s'avise
De me prendre pour protecteur.
Ah ! pour moi la douce surprise, etc.

(*Jenny le supplie de se taire, en indiquant la femme qui dort dans le pavillon; puis, paraissant remercier le ciel, elle saisit la main de Mulgrave, fait un geste de départ, et s'enfuit entraînant Mulgrave.*)

MULGRAVE, *sortant.*

Venez, venez;
Oui, nous allons partir.

(*A peine Mulgrave et Jenny sont-ils partis, qu'une musique sacrée se fait entendre, et le chœur suivant commence dans l'oratoire.*)

CHŒUR.

Bénis leur destinée,
O ciel, veille sur eux,
Et que leur hyménée
Soit à jamais heureux !

(*Pendant le chœur, la paysanne qui était endormie dans le pavillon se réveille, paraît chercher d'où il peut venir, puis, indiquant le côté du pavillon où Hamilton a dit qu'était l'oratoire du château, elle s'incline respectueusement, et paraît assister à une cérémonie religieuse. Tout-à-coup, on entend une porte se briser avec éclat, et Georges accourt, pâle, défait, et avec les signes de la plus grande douleur. On entend gronder le tonnerre, et des éclairs brillent par momens.*)

GEORGES, *parlant dans la coulisse.*

Au secours ! au secours ! not'femme, ouvre-moi.
Betty, not'femme ; ouvre-moi.

SCÈNE XIII.

GEORGES, UNE FEMME DE CHAMBRE.

LA FEMME DE CHAMBRE.

Qu'entends-je ? on a parlé dans le cellier... c'est la voix de Georges...

GEORGES, *entrant.*
Au secours ! au secours ! Sauvez, sauvez Jenny !
(*A la paysanne.*)
Réponds, réponds ! milord est-il ici ?

LA PAYSANNE.
Dans l'oratoire il entre avec sa nièce ;
Pour l'hymen chacun s'empresse,
Mais rien n'est encor fini.

GEORGES, *appelant du pavillon.*
Au secours ! sauvez Jenny !

LES PAYSANS, *entrant.*
A tes cris chacun s'empresse :
Qu'arrive-t-il donc ici ?

GEORGES.
Au secours ! au secours ! Sauvez, sauvez Jenny !

TOUS.
Dieux ! que dit-il de Jenny ?

SCÈNE XIV.

GEORGES, HAMILTON, FRÉDÉRIC *et* ANNA, *en costume de mariée, sortant par le pavillon.*

PAYSANS, PAYSANNES, *accourant.*
Quels sont ces cris ? quel malheur nous menace ?

GEORGES, *tombant aux pieds d'Hamilton.*
Grâce, grâce, grâce, grâce,
Jenny, milord, Jenny, c'est votre fille.

HAMILTON.
Ma fille, grands dieux !

TOUS.
Sa fille, sa fille !

GEORGES.
J' vous ai trompé, je suis un malheureux ;
Mais pour l'honneur de vot' famille,
Sauvez, sauvez, sauvez vot' fille !

HAMILTON.
Jenny ! quoi ! c'est, dis-tu, ma fille ?

GEORGES.
Devant Dieu, j'en fais le serment.
Vous saurez tout dans un moment ;
Mais pour l'honneur de vot' famille, etc.

TOUS.
Parle, parle ! Sauvez, sauvez, sauvez vot'fille !

GEORGES.
J'étais sous clef dans not' cellier.
Pour sortir, j'avais beau crier,
Quand j' vis Jenny dans la voiture
De lord Mulgrave... La pauvre enfant,
Est enlevée, assurément.

TOUS.
O ciel ! quelle étrange aventure !

GEORGES.
La porte, cédant à mes coups,
J'ons enfin pu v'nir jusqu'à vous ;
Mais pour l'honneur de vot' famille,
Sauvez, sauvez, sauvez vot' fille.

HAMILTON.
Que Jenny soit ou non ma fille,
Sauvons, sauvons la pauvre enfant,
Et chez son ravisseur courons tous à l'instant.

TOUS.

Amis, courons vite
Chez le ravisseur;
Tous, à sa poursuite,
Redoublons d'ardeur;
Et si quelqu'outrage,
Jenny, t'offensait,
Toute notre rage,
Sur lui tomberait.

(*Ils sortent tous vivement sur le tableau.*)

FIN DU DEUXIÈME ACTE.

ACTE TROISIÈME.

Le théâtre représente le salon d'un pavillon octogone fermé de tous côtés ; chacun des panneaux représente un sujet gracieux, tels que Vénus sortant de l'onde, Héro et Léandre, etc. Ce pavillon est richement orné; des candélabres, garnis de bougies allumées, sont distribués de tous côtés. Un lustre élégant est suspendu au plafond. Au fond du pavillon, dans un des pans, une porte s'ouvre sur une longue galerie, que l'on aperçoit lorsque cette porte est ouverte. Dans le pan opposé, une autre porte communique avec l'intérieur des appartemens du château. Au fond, au milieu, est une vaste fenêtre donnant sur les cours.

SCÈNE PREMIÈRE.

Au lever du rideau, une table splendidement servie est au milieu du pavillon. Lord Sidney, lord Erford et quelques autres jeunes gens, dont les toilettes sont en désordre, entourent la table et paraissent déjà fort en gaîté ; Péters, couvert d'une riche livrée, court alternativement de l'un à l'autre, pour remplir les verres que les jeunes lords lui présentent. Toute cette scène, par son bruyant délire et sa folie, représente la fin d'une joyeuse orgie ; l'orage qui a commencé à la fin du deuxième acte, est maintenant dans toute sa force. La lueur des éclairs laisse de temps en temps apercevoir la ferme qui est en face, à travers la vaste fenêtre du pavillon.)

CHANT.

Amis joyeux,
Vivons heureux ;

Car notre vie
N'est qu'une orgie
Dont les plus gris
Sont seuls épris.

RAFORT.

Milords, à l'hospitalité
De lord Mulgrave !

TOUS.

A sa santé !

CHANSON.

Ier.

RAFORT.

A sa santé !
Pourvu que sa compagne
Nous laisse, avec gaîté,
Vider tout son Champagne
A sa fidélité.

TOUS.

A sa santé !
Amis joyeux, etc.

IIe.

WILLIAMS.

A la santé
De ce docteur maussade,
Qui boit sans charité
Le vin de son malade,
En lui versant du thé.

TOUS.

A sa santé !
Amis joyeux, etc.

IIIe.

EDGARD.

A ta santé,
Sexe rempli de charmes !
Dont l'infidélité
Nous fait noyer nos larmes
Dans ce vin si fêté.

TOUS.

A sa santé !

CHŒUR.

Amis joyeux,
Vivons heureux ;
Car notre vie
N'est qu'une orgie
Dont les plus gris
Sont seuls épris.

SIDNEY.

Milords, cette santé regarde tout le monde,
Il faut, avec respect, la porter à la ronde.

A la santé de nos grands parens ! à la prospérité de leurs chers coffres-forts !

TOUS, *se levant, chantant en chœur.*
A vous tous, qui payez nos dettes,
Providence des usuriers,
Oncles, tuteurs, à vos santés parfaites,
Dans l'intérêt de tous nos créanciers.

Amis joyeux,
Vivons heureux ;
Car notre vie
Est une orgie
Dont les plus gris
Sont seuls épris.

WILLIAMS.

Quelle nuit délicieuse, milords, et quel vin !... Vrai, ce Champagne-là a gagné en sautant le pas.

ERFORT.

Il ne nous manquait que quelques Syrènes, pour charmer nos oreilles.

EDGART.

Il a raison ; le ciel s'était déjà chargé de l'orchestre : nous avons eu un accompagnement obligé de coups de tonnerre.

SIDNEY.

Délicieux... Il faisait presque autant de bruit que la grosse caisse de Drury-Lane.

PETERS.

Les impies !

WILLIAMS.

Ah ! ça, mais Mulgrave ne revient pas... Il est déjà minuit. (*On entend le bruit d'une voiture.*) Écoutez donc ; oui, c'est une voiture. (*Courant à la fenêtre.*) Il doit descendre sous cette fenêtre, qui donne sur la grande cour... Il fait un noir... On n'y voit goutte...

(*Il prend une bougie allumée, et s'éclaire hors la fenêtre.*)

PETERS, *lui arrachant le flambeau.*

Ah ! milord, que faites-vous ?

WILLIAMS.

Tu le vois bien, je m'éclaire.

PETERS.

Vous ne savez pas qu'une étincelle qui tomberait par cette croisée mettrait le feu à ce pavillon.

TOUS.

Comment ça ?

PETERS.

Sans doute ; la ferme est en face, et toute la récolte de blé de c't' année est dans nos granges, juste sous la croisée de ce pavillon.

EDGARD.

Eh bien ! qu'est-ce que ça te fait ? tu ne pourrais pas brûler dans une société plus aimable.

PETERS.

Je ne dis pas... Mais, voyez-vous, je ne suis pas fier, moi !... j'aime mieux vivre avec des imbécilles que de rôtir avec des gens d'esprit.

ERFORT.

La voiture s'est éloignée... Ce n'est sans doute pas Mulgrave.

PÉTERS.

Au contraire, c'est que je crois que c'est lui.

TOUS, *l'entourant.*

Eh ! comment le sais-tu ?

PÉTERS, *en confidence.*

J'vas vous dire : quand milord revient seul chez lui la nuit, il entre par la grande porte... Mais, s'il a été ce qui s'appelle chercher fortune dans les environs, il fait le tour, et le vieux concierge lui ouvre la petite porte du parc.

ERFORT.

Oui, à lui et à....

PÉTERS.

Juste !

WILLIAMS.

D'où je conclus que cette nuit il aura trouvé ce qu'il cherchait.

PÉTERS.

Possible !

SIDNEY.

Un futur mari,... quel scandale !

ERFORT, *courant à la porte de droite de l'acteur, et l'ouvrant.*

On vient de ce côté...Messieurs, c'est lui : il est seul; réparation !

SCÈNE II.

Les Mêmes, MULGRAVE, *il tient une lettre.*

MULGRAVE, *s'arrêtant en apercevant les jeunes lords.*
Encore ici!... à l'heure qu'il est!

WILLIAMS.
Salut à l'époux de miss Anna.

MULGRAVE.
Non, mes amis, je suis encore garçon.

TOUS.
Garçon!

MULGRAVE.
Je vous dis... j'ai un bonheur insolent!... L'hymen me tient rigueur. Je crois vraiment que tous les pères, oncles, tuteurs de la Grande-Bretagne se sont ligués contre moi... Mais, ce qu'il y a de plus piquant dans la circonstance actuelle,... c'est que je suis joué... oui, Milords, joué de la manière la plus plaisante!

SIDNEY.
Toi?... le lord le plus roué des Trois-Royaumes!... conte-nous ça.

MULGRAVE, *avec impatience.*
Oui, oui, demain.... Mais il est déjà tard... Allons nous coucher.

EDGARD.
Du tout, du tout; il reste assez de champagne pour que nous pleurions ensemble sur ton malheur.

MULGRAVE, *à part.*
Je tremble que Jenny... (*Haut.*) La nuit s'avance, Milords.

ERFORT.

Verse, Péters... Voyons, Mulgrave, vite le récit de tes infortunes.

MULGRAVE, *à part.*

Je ne m'en débarrasserai que comme ça. (*Haut.*) Eh! bien, vous saurez donc qu'en arrivant chez Hamilton, j'ai trouvé ma place prise.

TOUS.

Charmant, charmant!... A la santé du suppléant.

MULGRAVE.

On allait faire la noce quand je suis arrivé.

WILLIAMS.

Tu l'as empêchée ?

MULGRAVE.

Au contraire..... j'ai pressé vivement le mariage..... D'abord, je n'étais pas fâché de l'esquiver encore cette fois-ci, quoique la nièce fût fort jolie, pourtant; et puis Hamilton m'a pris par les sentimens... le bonheur e ses vieux jours,... la tendresse des amans... Je me suis sacrifié.

TOUS, *debout, entourant la table et buvant.*

Superbe! héroïque!........ A la santé de la vertu de Mulgrave!

MULGRAVE.

Mais il y a du mystère dans tout cela; j'avais promis le secret à lord Hamilton, lorsque, tout-à-l'heure, en arrivant ici, mon vieux concierge m'a remis une lettre de Son Altesse, qui me dégage de ma parole.

SIDNEY.

Voyons, voyons la lettre.

MULGRAVE, *lisant.*

« Mon cher Lord, je m'empresse de vous écrire pour
« vous éviter une fausse démarche (Il est bien temps,

« pardieu !) Lord Hamilton redoute si fort l'union de
« sa nièce avec un mauvais sujet tel que vous. (Oh ! il y
« a un mauvais sujet).

ERFORD.
Et c'est authentique... Signé du prince !
MULGRAVE.
« qu'il n'a pas craint de me tromper, en m'annonçant
« qu'elle était secrètement mariée... Les informations
« que j'ai fait prendre, à son insu, dans le pays, m'ont
« prouvé qu'il n'en était rien ; mais je lui pardonne en
« faveur de la générosité qu'il a mise à me cacher vos
« folies ; et ma seule vengeance est de l'effrayer par ma
« visite pendant mon voyage dans votre canton. »

SIDNEY.
Ce pauvre Mulgrave !.. Ce que c'est que la réputation !
MULGRAVE.
Vraiment, il n'y a plus de ressources avec les grands
parens... On ne peut plus rien en obtenir, pas même
une femme... Proposez-vous donc après un refus comme
ça ?... Il y a de quoi discréditer un sage.
WILLIAMS.
A plus forte raison un fou.
MULGRAVE.
Ah ! si lord Hamilton avait une autre nièce... je voudrais m'en faire adorer par vengeance.
EDGARD.
Et nous par esprit de corps ; car, (*En chancelant*)
enfin, si les mauvais sujets ne se soutiennent pas...
PETERS, *le soutenant.*
Prenez garde de tomber, Milord.
MULGRAVE.
Vous savez tout, maintenant... A demain.

WILLIAM, *bas aux autres.*

Cet empressement-là n'est pas naturel.

ERFORD.

Il n'est pas seul.

EDGARD.

Venez... nous le saurons... (*Haut.*) A demain.

TOUS, *riant en dessous.*

A demain, Mulgrave.

WILLIAMS.

Du courage, mon ami, tâche de te consoler.

(*Ils sortent tous en riant par la porte de gauche.*)

SCÈNE III.

MULGRAVE, *seul.*

Enfin, ils sont partis... Je tremblais que Jenny parût. Sous prétexte d'aller moi-même prévenir sa tante de son arrivée, je l'ai fait attendre dans mon petit salon, au bout de cette galerie... Quelle jolie créature! et quelle aventure singulière! Me supplier elle-même de l'enlever... (*Regardant dans la galerie à droite.*) Mais, que vois-je!... elle vient de ce côté.... Les portes du pavillon ne s'ouvrent qu'en dehors... une fois entré, il faut en avoir le secret pour sortir d'ici. La voici... ne nous montrons pas d'abord.

SCÈNE IV.

MULGRAVE, JENNY.

(*Jenny entre vivement par la porte de la galerie, et accourt jusqu'au milieu du théâtre, puis s'arrêtant tout-à-coup, elle paraît interdite à la vue de tout ce qui l'environne.*)

CHANT.

Récitatif.

MULGRAVE, *touchant un secret à la porte qui se referme d'elle-même.*

Voilà le signal du bonheur,
Quel moment pour mon cœur!

(*Jenny se retourne, aperçoit Mulgrave et semble l'interroger sur l'endroit où elle est.*)

Air.

Ces lieux sont un palais, ma belle,
Où les plaisirs ont fixé leur séjour,
Et d'où jamais on n'est sorti rebelle
Aux douces lois de l'amour.
(*Jenny recule et le regarde avec surprise.*)
Près de moi plus d'alarmes,
Jenny, séchez vos larmes;
Plus de chagrins, plus de malheur:
Régnez à jamais sur mon cœur.

(*Jenny veut fuir.*)

De ma douce amie
Je veux que la vie,
Sans cesse embellie,
Lui paraisse un jour.
Afin de te plaire,
Des plaisirs, ma chère,
La troupe légère
Formera ta cour.
(*Jenny, dont la peur redouble, s'efforce de s'échapper.*)
N'as-tu pas, sans crainte,
Ici suivi mes pas?

Bannis donc toute crainte,
Ne me repousse pas
Ces lieux sont un palais, ma belle, etc.

(*Au moment où Mulgrave tombe aux pieds de Jenny et cherche à la presser dans ses bras, la porte de la galerie, par laquelle sont sortis les jeunes lords, s'ouvre violemment, et ils paroissent tous avec des flambeaux à la main.*)

SCÈNE V.

Les mêmes, ERFORT, WILLIAMS, EDGARD et tous les jeunes lords.

CHŒUR.

LES LORDS, *riant*.

Pardon, milord ; peut-être on t'importune ;
Mais avant d'aller nous coucher,
Nous n'avons pu nous empêcher
De te complimenter sur la bonne fortune,
Que tu voulais nous cacher.
Fi ! c'est affreux de se montrer jaloux
Avec des amis tels que nous.

MULGRAVE, *avec force*.
Retirez-vous !

EDGARD, *à Jenny*.
Un seul baiser.

TOUS.
Et pourquoi donc nous refuser
Un seul baiser ?
(*Mulgrave fait signe qu'elle est muette.*)

TOUS, *à Jenny, qui veut fuir*.
Elle est muette !

SIDNEY.
Pour une belle aussi discrète
Prudemment il s'est décidé ;
Car s'il se tait sur sa conquête,
Son secret sera bien gardé.

SCÈNE VI.

Les Mêmes, WILLIAMS, ERFORT, *qui sont sortis pendant les derniers vers du morceau, amenant Betty, qui débat.*

Milords, je vous amène
Un vrai morceau de roi.
BETTY.
Laissez-moi, laissez-moi.
(*Voyant Jenny.*)
Ah ! je le crois à peine ;
Notre fille, est-ce toi ?
MULGRAVE.
Que vois-je ? La fermière !
TOUS.
Embrassons la fermière.
BETTY.
Redoutez ma colère ;
Car au plus téméraire
J'arracherai les yeux.
MULGRAVE, *riant.*
Redoutez la fermière.
BETTY, *à Mulgrave*
Ma Jenny, dans ces lieux !
D'où vient donc ce mystère ?
MULGRAVE.
Ce n'est qu'à sa prière
Qu'elle vint dans ces lieux.
Jenny fait signe que c'est la vérité.

ENSEMBLE.

BETTY.	MULGRAVE.
Surprise extrême !	Bonheur extrême !
Pauvre Jenny ;	Chère Jenny ;
C'est d'elle-même	C'est d'elle-même
Qu'elle vint ici.	Qu'elle vint ici.

LES LORDS.
Surprise extrême !

Elle a dit oui.
C'est d'elle-même
Qu'elle vint ici.

BETTY.

Viens, viens, Jenny.

TOUS LES LORDS, *l'empêchant de sortir.*

Un moment.

BETTY, *à Jenny.*

Rassure-toi. Eh bien, milords, si vous ne craignez pas d'offenser la fille du pauvre Georges.... vous n'insulterez pas davantage celle de lord Hamilton.

(*Jenny se jette dans ses bras.*)

TOUS.

Que dit-elle!

BETTY.

Oui, Jenny, oui, j'ons surpris le secret de not' homme, et j'ons trouvé les preuves de ta naissance, ici même, dans ce château.

MULGRAVE.

Qu'entends-je! (*A Betty.*) Quoi! dans mon château?

BETTY.

Oh! il n'y a pas moyen d'en douter : c'est pour les chercher que je suis accourue ici, et je les ons lues, lues de mes deux yeux.

(*Jenny fait signe qu'elle le savait.*)

TOUS.

Quel étrange événement!

MULGRAVE.

S'il était vrai, pourtant, si les preuves dont parle Betty!... Ah! mes amis, quelle idée!

TOUS.

Explique-toi!

5

MULGRAVE.

Le refus qu'Hamilton m'a fait de sa nièce va me rendre la fable de toute la cour.

LEFORD.

Il est sûr que l'on ne t'épargnera pas.

EDGARD.

Hamilton a beau jeu.

MULGRAVE.

Et sa fille serait ici, chez moi, et Jenny pourrait devenir lady Mulgrave !

(*Jenny, qui a écouté ces mots avec anxiété, témoigne la plus grande frayeur.*)

BETTY.

O ciel !

MULGRAVE.

Vous le savez tous, mes amis, le prince me destinait la nièce de lord Hamilton pour épouse ! Jenny peut devenir la mienne ; je n'épargnerai rien pour m'en faire aimer ; son malheur même me la rendra plus chère... Mais il faut pour cela que je sois sûr de sa naissance... Ces titres, Betty, où sont-ils ?

(*Jenny regarde Betty, en la priant de se taire.*)

BETTY.

Ces titres, milord, ces titres... ils sont chez ma tante, vot' fermière. (*Bas à Jenny.*) J' les éloigne exprès.

WILLIAMS, *aux autres.*

Aux preuves, milords, aux preuves.

BETTY, *à Jenny, lui donnant des papiers, pendant le mouvement de Mulgrave.*

Les voilà ; s'ils trouvaient ces papiers, tu serais perdue.

MULGRAVE.

Venez, mes amis, venez ; et si Betty ne nous a pas

trompés,.... une chaise de poste, mon coureur devant, j'enlève Jenny, cette nuit même.

LES LORDS.

Allons, partons. (*Ils sortent tous.*)

MULGRAVE, à *Betty.*

Ces titres, te dis-je, et ta fortune est faite. (*Il entraîne Betty.*)

(*Ils sortent tous, excepté Jenny, sur la ritournelle de la scène suivante.*)

SCÈNE VII.

JENNY, *seule.*

(Jenny ne se voit pas plus tôt seule qu'elle parcourt vivement les papiers qu'elle tient; puis, rappelant la scène du second acte, où elle a cherché à faire connaître sa naissance, elle montre les titres avec joie; elle pense à Georges, à Frédéric, et semble les appeler, à mesure que l'on entend les airs qu'ils ont chantés. Tout-à-coup, l'idée des dangers qui l'environnent paraît la frapper; elle court à la fenêtre et en mesure la hauteur avec effroi; elle se livre au désespoir et implore le ciel. Le plus affreux découragement se peint sur ses traits; elle indique qu'on peut venir, semble demander grâce; puis, jetant les yeux sur les papiers, elle fait comprendre qu'ils peuvent causer sa perte... Tout-à-coup, un bruit sourd se fait entendre dans l'éloignement; Jenny court à la galerie, et indique, avec effroi, qu'on vient de ce côté. Sa tête s'égare; elle porte les yeux sur tout ce qui l'entoure; elle touche ses vêtemens; rien ne lui semble assez sûr pour cacher l'objet de ses craintes. Elle redescend vivement la scène, en entendant le bruit s'augmenter; puis, par un mouvement de désespoir, elle saisit les titres; les déchire, en fondant en larmes et en tombant à genoux. On approche de la porte; les yeux de Jenny se fixent avec terreur sur les morceaux de papier tombés à ses pieds; elle s'en saisit vivement, les rapproche, et pense qu'on peut encore en lire le contenu. Une pensée soudaine semble s'emparer d'elle: elle court au seul candélabre qui brûle encore, et allume les papiers qu'elle tient. On frappe violemment à la porte de droite; Jenny, au comble de la terreur, lance machinalement les papiers embrasés par la croisée, la ferme rapidement; le coup de vent éteint la bougie, et Jenny tombe sur un siége, comme anéantie, au moment où la porte s'ouvre.)

SCÈNE VIII.

JENNY, FRÉDÉRIC, *courant à Jenny ; la porte par laquelle est entré Frédéric se referme violemment sur lui.*

FRÉDÉRIC.

AIR.

Jenny, Jenny, reviens à toi :
C'est moi, c'est moi, c'est moi,
C'est ton ami, ton frère :
Écoute ma prière,
C'est moi, c'est moi, c'est moi.

(*Jenny promène sa main sur les traits de Frédéric, comme pour s'assurer si c'est lui.*)

De ce château la porte s'est ouverte
Au seul nom d'Hamilton ;
Le hasard m'a guidé jusqu'à ce pavillon
Où Georges m'avait dit qu'il redoutait ta perte ;
Mais, ma Jenny, reviens à toi ;
C'est moi, c'est moi, etc.

(*Jenny regarde Frédéric avec transport.*)

Ton père suit mes pas,
Viens, viens, ma douce amie,
Retrouver dans ses bras
Le bonheur de ta vie :
C'est moi, c'est moi, etc.

(*Il fait un pas vers la porte, et s'arrête tout-à-coup à la vue d'une clarté rougeâtre qui éclaire le pavillon, en dehors de la croisée.*)

Mais, ô ciel, d'où peut naître
Cette effrayante lueur !

(*Il s'approche de la fenêtre, et redescend vivement la scène.*)

C'est le feu !

(*Ce mot semble causer la plus horrible terreur à Jenny.*)

Fuyons... Eh quoi !
La porte vient de se fermer sur moi :
Grands dieux ! la flamme augmente !
Jenny, Jenny, je suis auprès de toi :

Calme ton épouvante ;
C'est moi, c'est moi, c'est moi.
(*On entend un bruit sourd dans le lointain : le tocsin commence à sonner et continue pendant toute la scène suivante. La fumée pénètre dans le pavillon.*)
N'entends-tu pas ; c'est le béfroi ?
Dans le lointain l'airain résonne :
On appelle, au secours.

(*Avec désespoir.*)
Et dans ces lieux il ne viendra personne !

Chœur éloigné.

De l'eau ! de l'eau !
Amis, courage !
De l'eau ! de l'eau !
Vite à l'ouvrage :
De l'eau ! de l'eau !
Sauvons le château.

FRÉDÉRIC.

Jenny, Jenny, l'on vient à ton secours.

Voix dans la coulisse.

Milord, milord, ne risquez point vos jours !
(*A l'instant où ces mots sont prononcés, le fond du pavillon s'écroule ; les fenêtres de la ferme en face sont chargées de monde, et sur une poutre embrâsée qui tient d'un bout à la ferme et de l'autre au pavillon, et qui paraît être le reste d'une toiture consumée, on voit lord Hamilton accourant au-dessus d'un gouffre de feu. A peine Jenny a-t-elle aperçu le danger d'Hamilton, qu'elle s'échappe des bras de Frédéric et pousse un cri déchirant.*)
Ah ! sauvez, sauvez mon père !

HAMILTON, *qui vient d'atteindre le pavillon, la reçoit dans ses bras.*

Jenny ! Jenny ! Jenny !

HAMILTON et FRÉDÉRIC.

Elle a parlé ! moment prospère !
La nature a repris ses droits.
Elle a parlé ! les dangers de son père
Ont seuls pu lui rendre la voix.

SCÈNE IX.

JENNY, *presqu'évanouie dans les bras d'Hamilton*; FRÉDÉRIC, ANNA, GEORGES, BETTY; Paysans et Paysannes, *entrant par le fond et par les deux portes du pavillon, et courant entourer Hamilton;* Domestiques; LORD MULGRAVE, *et ses amis, tous dans le désordre de gens qui viennent de travailler. Le feu commence à s'éteindre dans le fond, où il règne un grand mouvement, et où l'on fait la chaîne pour éteindre la flamme.*

Chœur.

Par ses soins et par son courage
Mulgrave a conservé ces lieux.
MULGRAVE, *à Jenny.*
Je devais vous sauver tous deux;
J'avais à réparer un si coupable outrage,
Milord.
JENNY.
Chut! je ne dirai rien.
MULGRAVE.
Elle parle, grands dieux!
JENNY, *souriant à Mulgrave.*
J'ai l'habitude de me taire.
HAMILTON, *à Georges.*
Mais les preuves de ce mystère?
JENNY, *avec douleur.*
Au feu je les livrai pour les anéantir.
GEORGES, *vivement.*
Pour m'obliger à tout vous découvrir,
Notre schériff, je vous le certifie,
Des preuves de son rang me remit la copie;
Mais il garda l'original.
HAMILTON.
Mon bonheur sera sans égal!

MULGRAVE, *à Hamilton.*
On désirait l'union de nos familles ;
(*Regardant Anna.*)
Je puis me corriger, si je puis espérer.
BETTY, *se moquant de Mulgrave, et lui montrant l'incendie.*
Oui ; mais j'vous engageons à vous faire assurer.

CHŒUR FINAL.

Plus de larmes,
Plus d'alarmes.
Pour nous quel bonheur !
Sa voix tendre
Fit entendre
Le cri de son cœur.
Pour son père
Jour prospère !
Oui, dès aujourd'hui,
Sa tendresse
Va sans cesse
Etre tout pour lui.

FIN.

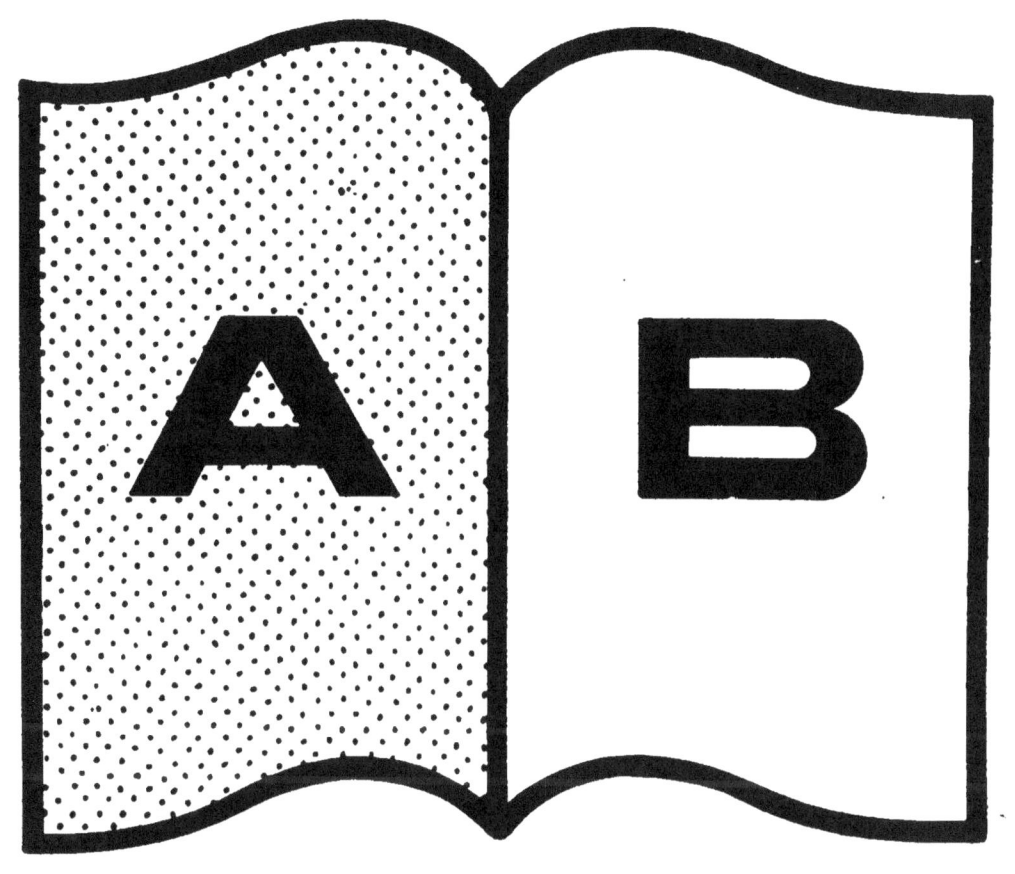

Contraste insuffisant

NF Z 43-120-14

www.ingramcontent.com/pod-product-compliance
Lightning Source LLC
LaVergne TN
LVHW051458090426
835512LV00010B/2212